LAS CARTAS DE JUAN

~ Así conocemos el amor ~

José Young

Ediciones Crecimiento Cristiano

Young, José
    Las cartas de Juan : así conocemos el amor / José Young. - 1a ed. - Villa Nueva :
Crecimiento Cristiano, 2020.
    60 p. ; 21 x 14 cm.

    ISBN 978-987-1219-44-5

    1. Estudios Bíblicos. I. Título.
    CDD 226.506

ISBN: 978-987-1219-44-5

Diseño de tapa: Ruth Santacruz
Diseño de interior: David Ghiano

Córdoba 419 - Villa Nueva - Cba. - Argentina
+54 9 353 491-2450
+54 9 353 481-0724
oficina@edicionescc.com
www.edicionescc.com
Ediciones Crecimiento Cristiano
edicionescc

Índice

PRIMERA CARTA DE JUAN

Introducción 7
1- Vida y luz 9
2- Viejo y nuevo 14
3- El mentiroso 20
4- ¡Y lo somos! 24
5- Los asesinos 28
6- Una verdad clave 32
7- La victoria 36
8- Nos protege 39

SEGUNDA Y TERCERA CARTA DE JUAN

Introducción 47
Segunda carta de Juan 49
Tercera carta de Juan 54

Cómo utilizar este material 58

PRIMERA CARTA DE JUAN

Índice ~ 5

Introducción

La manera en que Dios mostró su amor es bien clara. Es quien tomó la iniciativa y quien mandó a Jesús a la cruz para darnos vida.

¿Pero qué pruebas damos nosotros de que amamos realmente a Dios? Este es el planteo que iremos descubriendo a través de sus páginas.

Cuando comenzamos a leer la primera carta de Juan nos lleva directamente a enfrentarnos al estilo de su Evangelio: sencillo, pero con una profundidad penetrante.

Se calcula que la carta fue escrita alrededor del año 95 d.C., y principalmente, debate la herejía del gnosticismo. En esencia, éste destaca una separación de la materia y el espíritu. Lo físico, lo material, es considerado malo y lo "espiritual" es bueno. Pero ellos llegaron al extremo de negar el aspecto humano de Cristo. Sostenían que el Cristo "ocupaba" el cuerpo de Jesús como un estuche, un ser espiritual escondido en un cuerpo humano.

Esa herejía tenía implicaciones doctrinales y prácticas y Juan ocupa una buena parte de su carta combatiéndolas.

Juan, con un estilo repetitivo, dice mucho con pocas palabras, dando énfasis a sus argumentos.

Durante el estudio voy a referirme a tres versiones de la Biblia:

RV – Reina Valera 95 o Contemporánea
NVI – Nueva Versión Internacional.
DHH – Dios habla hoy.

1   Vida y luz

1 Juan 1.1-10

Sin ningún tipo de introducción Juan va directamente al tema. Este es un contraste notable con las cartas de Pablo.

1- Cuando Juan dice: "lo que ha sido desde el principio" (NVI) ¿Qué quiere decir?

Juan y los otros discípulos tuvieron una relación privilegiada con el Señor. ¿Puede imaginar cómo sería escucharlo directamente y todavía tocarlo?

2- ¿Qué nos dicen 1° Pedro 1.8 y 2° Corintios 5.16 acerca del versículo 1?

Tanto en su evangelio como en esta carta Juan habla del "verbo" o "palabra" (DHH) de vida.

3- ¿Qué significa este uso de la palabra "verbo" para referirse al Señor?

Juan comienza su evangelio de una manera muy parecida a esta carta.

4- ¿Qué más aprendemos del "verbo" en Juan 1.1-14?

La Palabra se hizo carne y los discípulos lo oyeron. Pero "oír" es una prueba débil. También lo "vieron", una comprobación más impresionante. Pero el hecho de "tocarlo"[1] era la prueba segura de que el Verbo se hizo carne y vivió entre nosotros.

Juan escribe como testigo, y anuncia con autoridad. Escribe para que los lectores tengan comunión con ellos[2]. Es llamativo, como afirma Juan, que el propósito de su mensaje fuera crear una relación, formar una comunidad. Es cierto que Dios nos ofrece vida a cada uno, pero su propósito es la nueva creación: su iglesia.

---

1 La palabra traducida "tocar" en el versículo 1 significa más bien "palpar". Es como la acción del ciego que busca conocer lo que toca.

2 La manera en que la versión DHH traduce esto, es haciendo una interpretación y no es literalmente. Como las notas al final de la página de las Biblias de estudio indican, la traducción correcta puede ser "nuestra alegría" o "la alegría de ustedes". Los comentaristas sugieren que se refiere a "nosotros" en un sentido amplio, que los incluye a ellos.

Notemos el progreso: escribe para que tengan comunión con ellos y su comunión es con el Padre y Jesucristo. Si comparamos diferentes versiones de la Biblia nos damos cuenta de que se puede traducir el versículo 4 de dos maneras:

"..que nuestra alegría sea completa."
"..que la alegría de ustedes sea completa".

5- ¿Cuál de las dos le parece más correcta? ¿Por qué?

Note la progresión de los primeros cuatro versículos:
En el principio... se manifestó... lo declaramos... para tener comunión... con gozo.
El mensaje que Juan afirma es sencillo: "Dios es luz".
6- ¿Es lo mismo decir "Dios es luz" que "Dios es como luz"? ¿Por qué?

Los versículos 5-9 apuntan especialmente a uno de los errores graves del gnosticismo. Ya que separaban cuerpo y espíritu, afirmaban que lo que hace el cuerpo no puede contaminar el espíritu. Con esa distinción una persona puede ser muy "espiritual" pero hacer lo que desea.

Juan dice que lo que determina si tenemos comunión con Dios o no, depende si vivimos en la luz o en la oscuridad.

7- ¿Qué es "vivir en la luz"?

Observe que las dos condiciones para recibir el perdón de pecados son "vivir en luz" y "confesar nuestros pecados" (versículo 9).

8- ¿Qué es confesar nuestros pecados? ¿Es hacer una lista de todo lo malo que hacemos durante el día y leerlo delante de Dios? ¿O es otra cosa?

Creo que ninguno de nosotros podemos decir que no hemos pecado.

9- ¿Cuál es la diferencia entre "tener pecado" y "cometer pecados"?

Juan dice que el error es "negar que tenemos pecado", pero tenemos un problema: Pablo afirma que hemos "muerto al pecado" (Romanos 6.2).

Lo que nos anima del versículo 9 es que Dios no solamente perdona sino que también limpia. Perdona, pero también obra en nuestras vidas para eliminar las causas.

Juan afirma que si confesamos nuestros pecados Dios es fiel y justo cuando perdona nuestros pecados. Es fiel porque lo prometió. Es justo porque Jesucristo pagó la cuenta hasta del más miserable pecador.

2

1 Juan 2.1-17

Juan dice que ha escrito para que no pequemos. Pero a la vez reconoce nuestra debilidad y que estamos lejos de ser perfectos. Sigue diciendo que si pecamos, tenemos una salida. Nos presenta también una palabra interesante, que en las diferentes versiones de la Biblia se la traduce de maneras distintas.[1] Por ejemplo:

RV = Abogado.
NVI = Intercesor.
DHH = Defensor.

Y en Juan 14.16 utiliza la misma palabra traducida como "consolador" (RV, NVI).

1- ¿Cómo nos ayuda esta palabra a comprender el versículo 1?

2- Si el sacrificio de Cristo nos perdona de la culpa del pecado, ¿por qué es necesario un intercesor o abogado?

La palabra correcta traducida por "sacrificio por el pecado" (versículo 2, NVI) es "propiciación" (RV). Es un sacrificio que se ofrece para aplacar la ira de Dios. No es equivalente a "perdón".

---

1 El significado literal de la palabra es "llamar a su lado". Describe a una persona que ha sido llamada para asistir a otra.

3- ¿Cómo nos ayudan el Salmo 7.11, el Salmo 78.38 y Romanos 1.18 a aclarar el significado del versículo 2?

4- ¿Implica el versículo 2 que toda la humanidad puede ser salva?

En la versión griega original, el versículo 3 comienza diciendo: "De esta manera sabemos...", y es una expresión que Juan repite unas 25 veces de una u otra forma. El autor presenta pruebas para que podamos saber si uno que profesa ser cristiano lo es realmente o no. Pero los versículos 3 a 6 crean un pequeño problema, porque hay muchos creyentes en nuestras iglesias acerca de quienes sería difícil afirmar que "obedecen a Dios."

5- ¿Qué es, realmente, obedecer a Dios? ¿Hasta qué extremo?

6- ¿Son los versículos 3 a 6 una regla adecuada para determinar si una persona realmente es de Dios?

7- ¿Cómo nos autoevaluamos como cristianos al tomar literalmente estos versículos?

8- En cuanto a los versículos 7 al 9,
   a) ¿Cuál es el mandamiento que siendo antiguo, es a la vez nuevo?

   b) Si es antiguo, ¿de qué manera es nuevo?

En el versículo 8 regresamos a la figura de "luz". Luz y oscuridad son figuras que encontramos a menudo en el Nuevo Testamento.

**9- ¿Por qué Juan dice que "la persona que ama a sus hermanos"
vive en la luz y no dice que "la persona que ama a Dios" vive
en la luz?**

**10- Note el paralelo entre la luz física y la luz espiritual.
a) Si andamos en la luz hay menos posibilidad de tropezar,
¿cómo aplicamos esta figura a la vida cristiana?**

**b) Si andamos en la luz podemos ver a dónde nos vamos.
¿Cómo lo aplicamos a la vida cristiana?**

Es notable que tanto Jesús como Juan, insisten en la dualidad
luz-oscuridad. Pero nunca hablan de la "sombra", de la "aurora", de la
"media luz". Es blanco o negro, es sí o no.

En los versículos 12 al 14 Juan habla de tres grupos: "niños"[2], jóvenes y padres. No está hablando de edades físicas, sino espirituales, las
mismas que hemos de encontrar en una iglesia.

2 Hay más de una palabra traducida por "hijos" y en este caso se refiere a un
niño pequeño. En la última parte del versículo 13 dice literalmente "han llegado
a conocer" al Padre.

11- Describa qué características tendría cada edad (espiritual), no solamente en base a este pasaje.
   a) Niños.

   b) Jóvenes.

   c) Padres.

"No amen al mundo" es una exhortación que encontramos vez tras vez en el Nuevo Testamento. No podemos amar a Dios y a la vez amar al mundo. Nuestro Dios es celoso (Éxodo 34.14).

12- Juan menciona tres características de este mundo que no debemos amar. Explique cómo son, con ejemplos de la actualidad:
   a) "malos deseos del cuerpo" (NVI), "deseos de la carne" (RV).

b) "codicia de los ojos" (NVI), "deseos de los ojos" (RV), "deseo de poseer lo que agrada a los ojos" (DHH).

c) "la arrogancia de la vida" (NVI), "la vanagloria de la vida" (RV), "el orgullo de las riquezas" (DHH)

El mundo con sus deseos pasan, o "se acaban" (NVI, versículo 17). Pero Juan no dice que el mundo se acabará, sino que "se acaba" (NVI) o "se va acabando" (DHH).

13- Si Juan habla de la actualidad, ¿de qué está hablando? ¿Qué se acaba?

Vivimos rodeados de la oscuridad. Vivimos metidos en un mundo hostil respecto a los propósitos de Dios.

El planteo de Juan es el planteo de la vida.
"Y ahora, queridos hijos, permanezcan en él".

3 El mentiroso

1 Juan 2.18-27

Jesús dijo que regresaría, pero no dijo cuándo (Marcos 13.32). Los creyentes del primer siglo pensaban que sería durante su vida, tal como los cristianos de hoy lo esperan.

Pero Juan introduce un nuevo tema: el Anticristo. La palabra puede significar dos cosas: "el que se opone a Cristo", o "el que pretende tomar el lugar de Cristo". Este término aparece solamente en las cartas de Juan. En este contexto es más probable que describa a los que se oponen a Cristo, a quienes lo rechazan de alguna manera.

1- ¿Qué más aprendemos de ellos de 1a. Juan 4.3 y 2º Juan v.7?

2- Es muy posible que el Anticristo sea la misma "persona" mencionada en 2º Tesalonicenses 2.1-12. ¿Cómo nos ayuda este pasaje a comprender quién o cómo es el Anticristo?

Juan dice que vendría luego pero que ahora ya había muchos con su espíritu (lo sugiere el vs.4.2). Y si había "anticristos" en el tiempo de Juan, seguramente existen hoy también.

3- Si es así, ¿cómo son? ¿quiénes son?

Juan dice que los "anticristos" de su tiempo habían salido de la iglesia. No dice si luego formaron su propia iglesia, o simplemente se fueron.

4- ¿Existe una situación parecida en nuestras iglesias? Explique.

5- Un comentarista sugiere que el versículo 19 "echa luz" sobre la naturaleza de la iglesia. ¿Cómo entiende usted la diferencia entre "la iglesia visible" y "la iglesia invisible"?

Es cierto, como dice Juan, que la persona que profesa ser cristiana pero que niega que Jesús es el Cristo, es mentirosa.

6- De su experiencia, ¿qué otros mentirosos podemos tener en la iglesia?

Una "unción" (la versión DHH no tiene la palabra) es el medio y el efecto con los cuales se unge. Por ejemplo en Éxodo 29.7 habla del aceite que se usaba para "ungir", "santificar", al sacerdote.

7- Si tomamos en cuenta Juan 14.26 y 2º Corintios 1.21,22, ¿qué sería esa "unción"?

Juan afirma que la persona que tiene la "unción" conoce la verdad (versículo 21).

8- ¿Implica esto que ya sabemos todo y que no hace falta el estudio bíblico? Explique.

Lo que negaban algunos (versículo 22) era que Jesús fuese el Cristo. Es decir, afirmaban que el hombre Jesús y el Cristo fueran dos personas. Según ellos, el Cristo vino a Jesús en su bautismo y salió antes de la crucifixión. El versículo 23 indica las consecuencias.

9- ¿Cómo podemos evitar ser engañados (versículo 26)?

El propósito del versículo 27 no es eliminar la necesidad de maestros en la iglesia. Con esta carta Juan mismo nos está enseñando. Según Efesios 4:11 uno de los dones del Espiritu es el ser maestro en la iglesia.

22 ~ Las cartas de Juan

10- El versículo 24 habla de "permanecer", (dos veces en la versión NVI y tres en la RV). ¿Qué es "permanecer"?

"Estas cosas les escribo acerca de los que procuran engañarlos." (versículo 26 NVI). Nos hace falta esta misma advertencia hoy.

Debemos, entonces, "permanecer en él, tal y como él nos enseñó".

4

1 Juan 2.28 – 3.10

Nuevamente Juan repite la advertencia "permanezcamos en él" y esta vez con una condición.

1- ¿De qué manera Mateo 24.42-44 amplía el concepto del versículo 28?[1]

2- ¿No somos hijos de Dios? ¿No nos ama el Padre? ¿No es Jesucristo nuestro hermano (Hebreos 2.12 y 17)? ¿Por qué, entonces, podemos sentir vergüenza frente a él?

Una prueba de que hemos nacido de nuevo, -dice Juan en el versículo 29- es que practiquemos la justicia. Lo repite también en los vv.3.7 y 3.10

3- ¿Qué es "practicar la justicia"?

---

1 La palabra "venida" (NVI y RV) es la traducción de "parousía", un término que, en uso común, indicaba la visita de un rey o emperador.

24 ~ Las cartas de Juan

Juan se entusiasma cuando afirma que somos "hijos de Dios". ¡Qué maravilla! ¡Qué privilegio![2]

Pero si somos hijos de Dios (y Juan lo enfatiza) ¿cómo puede ser que el mundo no nos conozca? ¿No somos "abiertamente observables"? En América Latina, por lo menos, "sobran" los cristianos.

4- ¿Qué opina usted?

Juan dice que en el mundo futuro hemos de ser semejantes a Cristo.

5- Pero ¿qué es ser "semejante" a él? ¿Hasta qué punto lo seremos? Veamos en 2º Corintios 3.18.

La conclusión lógica es el versículo 6. Pero hay una diferencia entre la traducción de la RV y la NVI. La NVI dice "no practicamos el pecado" y la RV dice "no pecamos".

6- ¿Cómo entiende la diferencia?[3]

---

2 Varias versiones del Nuevo Testamento agregan "¡Y lo somos!" después de "hijos de Dios" en el versículo 1.

3 La palabra traducida "infringir la ley" (RV) o "transgresión de la ley" es "anomía", vivir sin ley, sin reglas. No habla de "una" ley, sino de una actitud de rebeldía. En 2º Tesalonicenses 2.3 es traducido por "pecado" (RV hombre de pecado) o "maldad" (NVI hombre de maldad). En 2º Tesalonicenses es "iniquidad" (RV).

Juan no afirma que "Jesús nunca cometió pecado", sino que "no tiene pecado". La raíz enferma de donde brotan nuestros pecados no existe en él. Según Juan, el campeón en practicar el pecado es Satanás. Pero uno de los propósitos claves del Señor al llegar a esta tierra era destruir sus obras.

Juan afirma también que el verdadero hijo de Dios no practica el pecado porque tiene "la semilla" (NVI) o "simiente" (RV) de Dios en él.

7- ¿De qué semilla habla Juan? (Puede haber más de una respuesta).

La manera en que podemos interpretar el versículo 6, "depende de la carga de significado del verbo pecar, respecto a la carga significativa de practicar el pecado".

Es, en un sentido, inevitable que pequemos. Juan lo afirma en el capítulo 1. Pero seguir en el pecado, continuar en algo que sabemos que no es la voluntad de Dios, es otra cosa. Si uno sigue practicando el pecado, según Juan, demuestra que no es realmente de Dios. O somos hijos de Dios o hijos del diablo. No hay "grises" en el reino de Dios. Somos hijos o no lo somos y nuestra vida lo demuestra. Es asunto de blanco o negro, vida o muerte.

8- Cómo último ejercicio, haga una lista de las pruebas que afirma Juan que muestran a los verdaderos hijos de Dios, desde 1.1 hasta 3.10.

No podemos jugar con Dios. No podemos tener una fe cristiana a "nuestro gusto". Más de una vez me he preguntado: "¿Cómo voy a ser, cómo voy a reaccionar delante de él?"

5   Los asesinos

1 Juan 3.11-24

Hay temas que Juan repite varias veces en su carta. El versículo 11 es un ejemplo.

1- ¿Qué razón ofrece Juan 13.34, 35 del por qué es necesario este mensaje?

Los invito a leer la historia del conflicto entre Abel y Caín en Génesis 4.3-8. Tengamos en cuenta también la lectura de Hebreos 11.4.

2- ¿Qué impulsó a Caín a atacar a su hermano?

3- Prestemos atención al versículo 13. ¿Por qué no debemos extrañarnos?

Los versículos 13 y 15 hablan de los hermanos, pero de una manera muy severa.

4- ¿Es el versículo 14 una prueba suficiente de que una persona es de Cristo? ¿Por qué?

Nos llenamos de alegría por el amor que Dios nos mostró cuando su Mesías entregó su vida por nosotros.

5- Pero ¿qué es "entregar la vida por nuestros hermanos?" (versículo 16 NVI)

El versículo 17 me hace recordar al hermano pobre que necesitaba una medicina costosa. Pidió ayuda a su iglesia pero le respondieron que "no tenían dinero". La realidad es que estaban gastando todo en equipos. Pero las Escrituras son claras: la primera responsabilidad económica de una iglesia son sus miembros necesitados. (En este caso un hermano de otra iglesia le ayudó.)

Juan dice que debemos amar a nuestro hermano, esa persona de carne y hueso que conocemos. En un sentido es fácil amar a "la humanidad" pero el amor que describe Juan no es un ideal, sino que nos impulsa a actuar.

Seguramente hemos escuchado multitudes de veces desde el púlpito acerca de la necesidad de amar a nuestros hermanos.

6- ¿Por qué, entonces, vemos tantos ejemplos de la falta de amor?

7- El versículo 19 comienza con: "En esto sabemos..." (NVI). ¿Qué es "esto"?

Juan habla del cristiano cuyo corazón no lo condena. Pero es demasiado fácil que actuemos mal (o a propósito, o por ignorancia) y que nuestro corazón no nos condene.

Sospecho que más de una vez hemos sentido eso en nuestro interior. Pero ¿qué tiene que ver eso con el hecho de que "Dios es más grande que nuestro corazón y sabe todo" (NVI)?. Realmente debe darnos temor si Dios sabe todo, no alivio.

8- ¿Qué opina usted?

El versículo 22 destaca un problema que ha creado mucha controversia: ¿Recibimos todo lo que pedimos?

Se aclara el tema cuando recordamos que las Escrituras nos dan condiciones y limitaciones a nuestra oración.

9- ¿Cuáles son algunas de esas limitaciones según Marcos 11.25, Santiago 1.5-7, Santiago 4.2,3 y 1º Pedro 3.12?

10- ¿Por qué son esenciales ambas partes del mandato del versículo 23? ¿Qué pasa si falta una parte?

Es realmente una maravilla que Dios pueda permanecer en nosotros y nosotros en Dios (versículo 24).

11- ¿De qué manera el Espíritu nos hace saber eso?

"Dios es amor. El que permanece en amor permanece en Dios." (4.16 NVI)

6 Una verdad clave

1 Juan 4.1-21

El mundo está lleno de voces "cristianas". Algunas genuinas, otras distorsionadas. Juan insiste en que debemos escuchar con discernimiento.

El problema en la época de Juan era el "gnosticismo". Un sistema filosófico que comenzó a infiltrarse en las iglesias. Esencialmente insistían en que la materia era mala, y que lo bueno era espiritual. Como consecuencia algunos negaban la encarnación y negaban también que el Cristo viniera en cuerpo material.[1]

1- Si negamos la encarnación, ¿qué verdades esenciales de la fe cristiana estaríamos negando?

Observe que el énfasis de Juan no es solamente en el contenido de un mensaje falso sino también en su origen: si es de Dios o del diablo. Porque como Juan ha afirmado, hay otros espíritus, aparte del Espíritu Santo, que ofrecen su mensaje. Todo lo "espiritual" no es necesariamente de Dios.

2- ¿Cuál puede ser una prueba actual de que un predicador o maestro es falso?

---

1 Aunque la palabra "encarnación" no se encuentra en la Biblia, define una verdad clave. Afirma que Jesús, el Cristo, era verdaderamente hombre. No era un ser espiritual que vino a Jesús en el bautismo y salió antes de la crucifixión como afirmaban ellos.

Juan dice que ellos habían "vencido" a esos falsos profetas.

3- ¿De qué manera podemos "vencer" a los que vienen con un mensaje falso?

Juan dice que es posible porque "el que está en ustedes es más poderoso que el que está en el mundo." (14, NVI)

4- ¿Quién es más poderoso y en comparación con quien?

5- Si el que no es de Dios no nos escucha (versículo 6) entonces ¿qué sentido tiene la evangelización?

Con el versículo 7 Juan regresa de nuevo a lo que es su tema clave. Lo repite varias veces.

6- ¿Cuál es la diferencia entre decir "Dios nos muestra su amor" y "Dios es amor"?

7- ¿Qué diferencia existe entre el amor de Dios y el más excelente amor humano?

La manera en que Dios mostró su amor es bien clara. Es alguien que tomó la iniciativa (versículo 19). Es él quien mandó a Jesús a la cruz para darnos vida (versículo 9). Estoy seguro de que todos los que profesamos ser discípulos de Jesucristo creemos esto.

"Permanecer" es una palabra fuerte. Sugiere constancia, estabilidad. Y es un tema que Jesús afirmó (como en Juan 15.4).

8- En los versículos 13 al 16 hay tres pruebas de que nosotros permanecemos en Dios y Dios en nosotros. ¿Cuáles son?

Diferentes versiones de la Biblia traducen la última parte del versículo 17 de maneras distintas:

RV = "..como él es, así somos nosotros en este mundo."
NVI = "..en este mundo han vivido como vivió Jesús."
DHH = "..nosotros somos en este mundo tal como es Jesús."

9- ¿Cómo entiende usted esta expresión?

10- En los versículos 17 y 18 se habla de "temor". ¿De qué ha de sentir temor el cristiano?

En los últimos versículos Juan plantea de nuevo su afirmación principal: Necesitamos amar a nuestro hermano. Si no lo hacemos no amamos realmente a Dios.
11- Pero ¿qué es amar a una persona que no podemos tolerar?

El mensaje de Juan es tan simple... simple y difícil. Lo pinta en blanco y negro. La vida cristiana se define con una sola palabra: amar. Fácil de decir pero difícil de vivir.

7   La victoria

1 Juan 5.1-12

Ya son ocho las veces en que la carta de Juan utiliza la palabra "creer". Pero, como dice Santiago 2.13-20 de su carta, "hay fe... y hay fe".

1- Por ejemplo, ¿es lo mismo decir "creo en Jesús" y decir "creo que Jesús es el Cristo"?

2- ¿Por qué, según dice Juan, la obediencia es la prueba válida de nuestro amor a Dios?

3- Juan dice que los mandamientos de Dios no son difíciles de cumplir (versículo 3). ¿Es esa su experiencia?

4- En los versículos 4 y 5 Juan habla tres veces de "vencer al mundo".

a) ¿Qué es vencer al mundo?

b) ¿Juan lo presenta como un desafío o como un logro?

c) Usted, ¿ha vencido al mundo?

Existe una variedad de interpretaciones acerca del agua y la sangre. Sin duda ésta es una de las porciones más difíciles de la carta.[1]

5- Si se refieren al comienzo y terminación del ministerio del Señor, ¿a qué se refieren?

---

1 Algunos piensan que se refiere al bautismo cristiano y la Cena del Señor. Otros han pensado que se refiere al agua y la sangre que salieron del costado de Jesús (Juan 19.34). Pero Juan dice que "vino", nació mediante agua y sangre.

Juan dice que son tres los testigos de Jesús: el Espíritu, el agua y la sangre, y que están de acuerdo[2].

6- ¿En qué han de estar de acuerdo?

7- ¿De qué manera el Espíritu es un "testigo"?

Lo que separa la vida de la muerte es el Hijo. Tenerlo es tener vida; no tenerlo es estar muerto.

8- Pero ¿qué es "tener" al Hijo?

En un sentido el mensaje de Juan es muy sencillo; todo depende de Jesús el Cristo. Con él tenemos todo, sin él no tenemos nada.

____

2 El versículo 7 presenta una cierta complicación. En versiones modernas de la Biblia (y la nota al pie de la RV) eliminan las palabras "El Padre, el Verbo y el Espíritu Santo y estos tres acuerdan". Aparecen primeramente en un manuscrito en Latín del siglo IV pero en ningún manuscrito griego hasta el siglo XV. Aparentemente fueron agregados posteriormente por algún escriba piadoso.

8

1 Juan 5.13-21

Hay que recordar que los subtítulos que tienen nuestras Biblias no existían en los manuscritos originales. Han sido agregados -como la numeración de capítulos y versículos- para ayudarnos en nuestra lectura y estudio. Así que el versículo 13 es simplemente la conclusión de los versículos 11 y 12.[1]

Pero el versículo 14 introduce otro tema. No es la primera vez que Juan habla de condiciones para que Dios nos escuche.

1- ¿Cuáles son las condiciones que ha indicado anteriormente en su carta?

Juan dice en este pasaje que debemos pedir "según la voluntad de Dios".

2- ¿Qué diferencia hay entre pedir "según su voluntad" y pedir "si es su voluntad"?

---

1 Las versiones modernas de la Biblia no contienen las palabras "...y para que creáis en el nombre del Hijo de Dios". La nota al pie de la página en la versión RV95 dice lo mismo.

3- ¿Hasta qué punto podemos saber si lo que pedimos es según su voluntad o no?

Con el versículo 16 Juan introduce un tema difícil. Pero vamos por partes: en esta carta Juan traza una línea entre las personas que tienen vida y las que no la tienen.

4- ¿Cuál es la diferencia esencial entre los dos grupos? ¿Cuál es el elemento clave que los separa?

Seguramente muchas personas, cuando lean el versículo 16, van a pensar en Marcos 3.28-30.

Pero es importante notar dos cosas: primero, según Jesús, (Marcos 3) todos los pecados tienen perdón menos uno.

Y segundo, solamente podemos comprender lo que Jesús dijo si tomamos en cuenta el contexto, es decir, el versículo de Marcos 3:30.

5- A la luz de lo que Marcos dice, ¿cuál sería el único pecado sin perdón?

En este pasaje Juan habla de dos clases de personas: las que pueden pecar y las que han cometido el pecado sin perdón.

6- ¿Cuál puede ser la razón por la que hemos de orar por los primeros, pero no por los otros?

En el versículo 16 la palabra "Dios" no está en los manuscritos griegos antiguos. Es una interpretación insertada para "simplificar" la interpretación del versículo.

7- Si la palabra "Dios" no está en el versículo, ¿a qué se puede referir Juan cuando dice "ore por él y le dará vida"?

Varios pasajes nombran a Satanás como el que manda en este mundo (Juan 12.31, 14.30, 16.11 y Efesios 6.12). Se le ha permitido reinar hasta el regreso del Cristo.

Pero Juan afirma que el maligno no nos puede tocar. Ya lo había dicho en 4.4.

Lo normal, cuando hay alguna desgracia (homicidios, accidentes en la ruta, terremotos, etc., es decir que Dios lo permitió.

8- ¿Es correcto decir esto? Explique.

En estos últimos versículos hay tres cosas que son ciertas (RV), tres cosas que sabemos (NVI).

9- ¿Cuáles son?

Juan termina diciendo que debemos "guardarnos de", o "apartarnos", de los ídolos.

10- ¿Cómo entiende esta exhortación en la actualidad?

11- Como conclusión, qué nos enseña esta carta de Juan acerca de:

a) La encarnación?

b) el pecado?

c) el amor?

d) si llevamos o no una vida en relación con Dios?

Una característica de Juan es que dice mucho con pocas palabras.
Pero lo que dice es tema de vida o muerte. El propósito de Juan es
claro:

> "El que tiene al Hijo, tiene la vida; el que no tiene al Hijo de
> Dios, no tiene la vida. Les escribo estas cosas a ustedes que creen en
> el nombre del Hijo de Dios, para que sepan que tienen vida eterna."
> (1 Juan 5.12, 13)

SEGUNDA Y TERCERA CARTA DE JUAN

Introducción

Estas dos cartas de Juan son los libros más cortos de la Biblia. Hubieran ocupado cada una una hoja de papiro, formato normal de una carta. Aunque el autor de las dos no da su nombre, los comentaristas están de acuerdo que fue el apóstol Juan, tanto por su estilo de escribir como por el contenido de la carta.

Las dos repiten uno de los temas principales de 1 Juan y las dos enfrentan problemas parecidos.

Segunda carta de Juan

Juan comienza su carta, como era la costumbre, nombrándose a sí mismo.

Aunque en este caso no da su nombre.

1 -

a) uando se refiere a sí mismo como "el anciano", ¿qué quiere decir?[1] **Hay dos posibles interpretaciones (los comentaristas no están de acuerdo cuál es mejor).**

b) ¿Cómo llegó a su decisión?

Juan escribe a la "señora elegida". Aquí también hay dos posibles maneras de entender esta expresión. La gran mayoría de los comentaristas piensan que se refiere a una iglesia. Algunas versiones de la Biblia directamente ponen "a la iglesia elegida" (NVI).

---

1 Pablo se designa "anciano" en Filemón 9 y Pedro hace lo mismo en 1 P 5.1.

2- Hay varias referencias a Israel en el Antiguo Testamento como la "esposa" de Jehová (como Jeremías 2.2). ¿Puede encontrar por lo menos una cita del Nuevo Testamento que sugiera que la iglesia es una "novia" o "esposa"?

Juan escribe a una iglesia, seguramente una iglesia de hogar como eran todas en esa época, y les dice que los ama "en la verdad". Y estaba contento porque había encontrado a algunos miembros de la iglesia y vio que estaban practicando la verdad. Aunque hay comentaristas que piensan que el versículo 4 también implica que había varios miembros "en error".

3- ¿Qué es amar a una persona "en la verdad" (v. 1) o "a causa de la verdad" (v. 2)?

Gracia, misericordia y paz (v. 3) ¡cuánta falta hacen en un mundo tan agitado como el nuestro en la actualidad! Y, lamentablemente, también en muchas iglesias.

Es importante notar que el versículo 3 es una afirmación, una promesa, no una petición[2]

4- Cinco veces se repite la palabra "verdad" en los primeros cuatro versículos. ¿Qué nos enseñan acerca de la ella?

---

2 A pesar de que la versión RV lo traduce como un pedido sobre ellos, los comentaristas y versiones como la NVI lo tienen como una afirmación.

Con el versículo 4 Juan entra en el propósito de su carta. Tiene que ver con la vida interior de la iglesia (versículos 4-6) y la amenaza desde afuera (versículos 7-11).

Cuatro veces en los versículos 4-6 encontramos la palabra "mandamiento".

5- ¿Qué nos enseñan acerca de los mandatos de Dios?

Juan enfatiza un tema clave para la vida cristiana, algo que vemos en su primera carta, que es el amor. ¿Pero qué es "amar"? ¿Es algo que sentimos... algo que hacemos?

6- ¿Cómo puede uno amar si no lo siente?

Tres veces en los versículos 4-6 Juan habla de "andar" (ver la versión RV que es literal). Es una figura que encontramos varias veces en el Nuevo Testamento.

7- ¿Qué aprendemos en estos versículos acerca de nuestro "andar"?

8- Dos veces Juan dice "desde el principio". ¿Qué principio?

Juan enfatiza el trio de amor, verdad y mandato. Conceptos íntimamente relacionados y, en conjunto, forman el escudo contra el error que describe en los siguientes versículos.

Comenzando con el versículo 7 vemos el motivo principal de Juan al escribir esta carta. "Misioneros" de una doctrina falsa habían salido y visitaban a las iglesias.

Los versículos 10 y 11 se entienden de acuerdo con su contexto. Ya que los viajeros de aquellos días tenían muy pocas posibilidades de encontrar un hospedaje adecuado, la práctica de las iglesias era recibir a sus hermanos y ofrecerles cama y comida. Pero Juan destaca una excepción a esa práctica. Era necesario discernir cada caso porque algunos venían con malas intenciones.

Es importante reconocer que Juan no habla de personas que piensan diferente, aun los que pueden tener errores de doctrina. La iglesia puede ser un "hospital" para tales personas.

Más bien habla de maestros de doctrina falsa, especialmente doctrina que distorsiona la esencia del evangelio.

También debemos reconocer que está escribiendo a una iglesia, no a una persona en particular. El versículo 10 probablemente se refiere, como dijimos antes, a una iglesia casera como eran todas en esa época.

9- ¿Pueden tener estos dos versículos (10 y 11) una aplicación hoy?

El versículo 8 advierte de un peligro. Tan grave que estaba la posibilidad de perder el resultado del trabajo hecho. Es interesante que las diferentes versiones de la Biblia no están de acuerdo en cómo traducir este versículo. Algunos dicen "nuestro trabajo" y otros "su (vuestro)" trabajo. El original permite las dos posibilidades.

10- ¿Qué quiere decir Juan con este versículo si es:
   a) "nuestro trabajo"?

   b) "su trabajo"?

El versículo 9 comienza con una advertencia acerca del hermano que se pueda "extraviar" o "descarriarse" de la enseñanza de Cristo.
11- ¿Qué sería "descarriarse" de la enseñanza de Cristo?

Las consecuencias de "extraviarse" de la enseñanza de Cristo son contundentes. Como afirmó Pablo en la carta a los gálatas: hay un solo evangelio y Jesús, el Cristo, es el eje, el cimiento, el motivo del mensaje.

No sabemos si Juan logró hacer su visita y hablar personalmente con ellos, pero el consejo que les dio en esta carta es claro: vivir en el amor y poner sus raíces bien firmes en el mensaje que habían recibido.

Tercera carta de Juan

La tercera carta de Juan es el libro más corto de la Biblia. En contraste con las primeras dos. Está dirigida a una persona, un tal Gayo. El trasfondo de la carta es más o menos así:

Un grupo, probablemente de la iglesia de Juan, fue en un viaje misionero. Como era la costumbre en aquellos días buscaban hospedaje en las iglesias durante su viaje. Cuando se presentaron en una iglesia, aparentemente de un tal Diótrefes, no los recibieron.

Pero Gayo, que tiene que haber sido de otra iglesia, los recibió y les dio lo necesario para seguir su viaje. Cuando llegaron de nuevo a su punto de partida, comunicaron la situación a Juan.

Encontramos el nombre "Gayo" en otros pasajes. Era un nombre común pero no sabemos si podrían haber sido el Gayo de esta carta[1].

1- ¿Qué podemos aprender de Gayo en esta carta de Juan?

En el versículo 2 vemos que Pablo tenía mucha confianza en la salud espiritual de Gayo.

2- ¿Por qué tenía tanta confianza?

---

1 El posible candidato se encontraría en Romanos 16.23. Pero si es así, entonces la tercera carta de Juan estaría dirigida a la iglesia de Corinto, lo que es poco probable.

3- ¿Podemos aplicar la misma pauta para verificar la salud espiritual de un hermano actualmente?

Juan estaba contento porque sus hijos espirituales ponían en práctica la verdad.

4- ¿Qué impide que una persona que conoce la verdad la ponga en práctica?

En los versículos 5-8 Juan regresa a un tema central de su segunda carta, pero aquí vemos la otra cara de la moneda. Es cierto que las iglesias debían cuidarse de los falsos maestros y aprovechadores, pero esa advertencia no anulaba su responsabilidad.

La palabra "hospitalidad" se encuentra solamente seis veces en el Nuevo Testamento.

5- ¿Qué nos dice los siguientes versículos acerca de la hospitalidad?

a) Romanos 12.13; Hebreos 13.2; 1 Pedro 4.9.

b) 1 Timoteo 3.2; Tito 1.8.

Encontramos las raíces de la práctica mencionada en el versículo 7 por primera vez en los evangelios.

6- Ver Marcos 6.8, 9. ¿Por qué el Señor insistió en esas restricciones?

En el versículo 9 encontramos un tal Diótrefes. Esta es la única vez que encontramos su nombre en el Nuevo Testamento, así que sabemos nada más de él.

7- Juan lo condenó y alguien afirmó que nombró cinco razones de por qué lo hizo. ¿Las puede encontrar?

Diótrefes es un buen ejemplo de la "soberbia" cristiana. Pasa cuando un hermano, por varias posibles razones, se piensa superior a los demás.

8- Busque dos o más pasajes que describen cómo debe ser una persona responsable de una iglesia.

Demetrio es un nombre que aparece solamente dos veces en el Nuevo Testamento y es poco probable que sea la misma persona. Seguramente fue él quien llevó la carta a Gayo y Juan quería que lo recibiese con confianza.

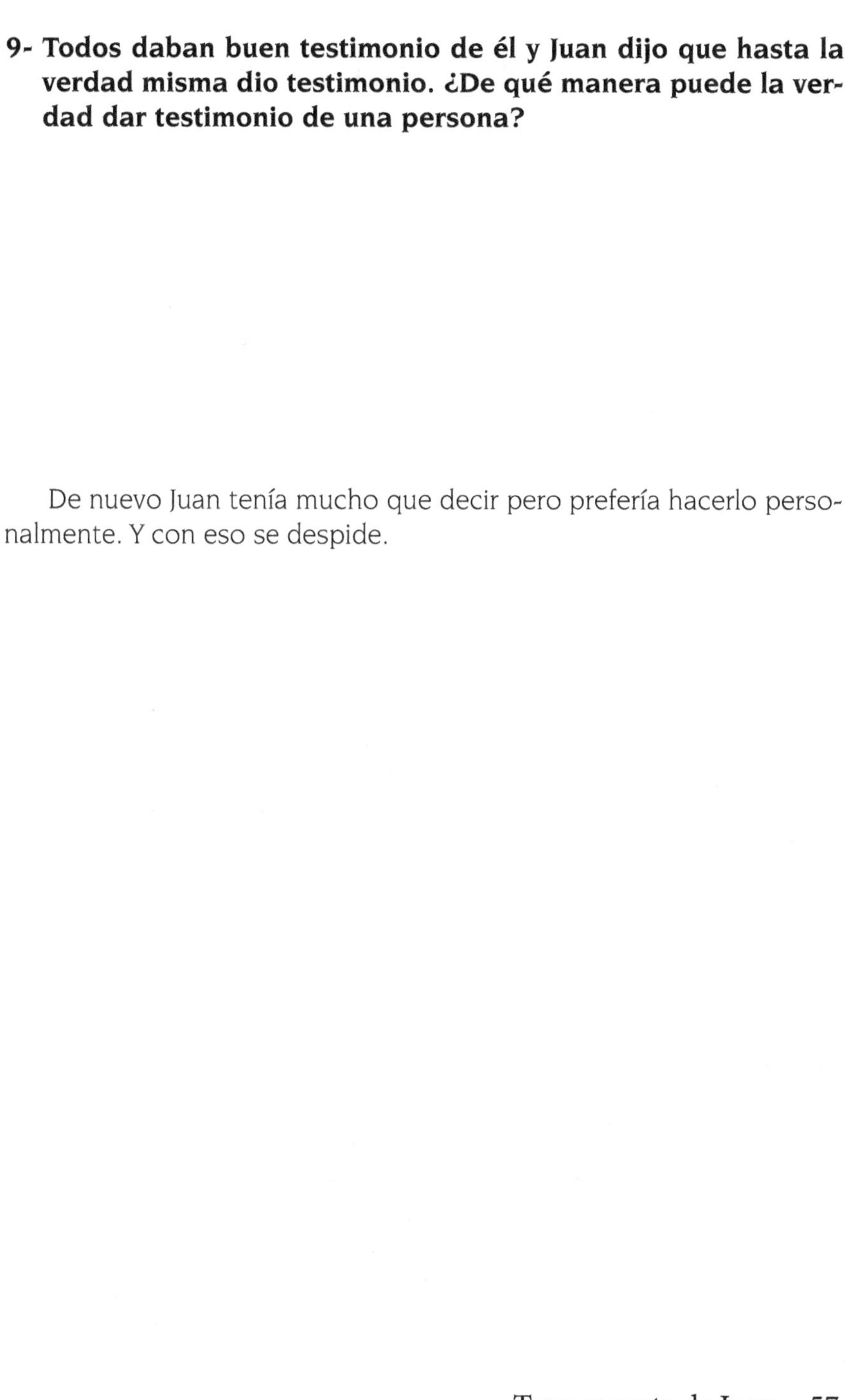

9- Todos daban buen testimonio de él y Juan dijo que hasta la verdad misma dio testimonio. ¿De qué manera puede la verdad dar testimonio de una persona?

De nuevo Juan tenía mucho que decir pero prefería hacerlo personalmente. Y con eso se despide.

Cómo utilizar este material

Este material es una guía de estudio, es decir que su propósito es guiarlo a usted para que haga su propio estudio del tema o libro de la Biblia que desarrolla este material.

El cuaderno propone un diálogo. En él introducimos el tema, sugerimos cómo proceder con la investigación, comentamos, pero también preguntamos. Los espacios en blanco después de las preguntas son para que usted anote sus respuestas.

Esperamos que por medio del diálogo le ayudemos a forjar su propia comprensión del tema. No de segunda mano, como cuando se escucha un sermón, sino como fruto de su propia lectura e investigación.

¿Cómo hacer el estudio?

1 - Antes de comenzar, ore. Pida ayuda a Dios para que le hable y le dé comprensión durante su estudio.

2 - Debe leer los pasajes bíblicos más de una vez y preguntarse: ¿Qué dice el autor? Aunque muchos utilizan la versión "Reina-Valera" de la Biblia, conviene tener otra versión, o versiones, disponibles para comparar los pasajes. La versión "Dios Habla Hoy" y la "Nueva Versión Internacional" le pueden ayudar a ver el pasaje con más claridad.

3 - Siga con la lectura de la lección. Responda lo mejor que pueda a las preguntas.

4 - Evite la tendencia de apurarse para terminar. Es mejor avanzar lentamente, pensando, preguntando, aclarando.

En grupo

El estudio personal es de mucho valor, pero se multiplican los beneficios si lo acompaña con el estudio en grupo. Un grupo de hasta ocho personas es lo ideal. Pero puede ser que, por diferentes motivos, el grupo esté formado por usted y una persona más; aun así, es mejor que estudiar solo.

En realidad, estos cuadernos han sido diseñados con el motivo siguiente: estimular el estudio en células, en grupos pequeños.

La manera de hacerlo es fácil:

1 - Haga en forma personal una de las lecciones del cuaderno. Aun cuando pueda haber cosas que no entienda bien, haga el mayor esfuerzo posible para completar la lección.

2 - Luego reúnase con su grupo. En el grupo compartan entre todos las respuestas a cada pregunta. Puede ser que no tengan las mismas respuestas, pero, comparando entre todos, las van aclarando y corrigiendo. En este compartir semanal de una hora y media, este diálogo entre todos, se encuentra la verdadera riqueza que nos provee esta forma de estudio.

3 - Evite salirse del tema. El tiempo es oro y lo más importante es enfocar todo el esfuerzo del grupo en el tema de la lección. Luego pueden dedicar tiempo para conocerse más y tener un rato social.

4 - Participe. Todos deben participar. La riqueza del trabajo en grupo es justamente eso.

5 - Escuche. Hay una tendencia a apurar nuestras propias opiniones sin permitir que el otro termine. Vamos a aprender de cada uno, aun de los que, según nuestra opinión, estén equivocados.

6 - No domine la discusión. Puede ser que usted tenga todas las respuestas correctas, sin embargo es importante dar lugar a todos y estimular a los tímidos a participar. No se trata de sobresalir, sino de compartir aprendiendo juntos.

Si en el grupo no hay una persona con experiencia para coordinarlo, se puede encontrar ayuda para dirigir un grupo en los siguientes lugares:

1 - Nuestra página web: www.edicionescc.com. La sección "Capacitación" ofrece una explicación breve del método de estudio.

2 - Las últimas páginas de nuestro catálogo ofrecen también una orientación.

3 - El cuaderno titulado "Células y otros grupos pequeños" es un curso de capacitación para los que desean aprender a coordinar un grupo.

4 - Algunas guías disponen de un cuaderno de sugerencias para el coordinador del grupo.

Finalmente diremos que las guías no contienen respuestas a las preguntas, ya que el cuaderno es exactamente eso: una guía, una ayuda para estimular su propio pensamiento, no un comentario ni un sermón. Le marcamos el camino, pero es usted quien lo tiene que seguir.

Que el Señor lo acompañe en esta tarea, y si necesita ayuda, comuníquese con nosotros. Estamos para servirle.

Se terminó de imprimir en los
Talleres Gráficos de Ediciones CC
Córdoba 419 - Villa Nueva, Pcia de Córdoba
IMPRESO EN ARGENTINA